一看就懂的中華文化常識

社會篇

李天飛　著

商務印書館

前言

目錄

姓

名

姓、氏、名

各位來得好早，是來參加文化節的吧？進城要先登記。報上姓名來！

第一屆異界文化節歡迎各朝代人士光臨

曲阜到了。

曲阜是魯國的都城吧？

沒聽說過姓韓的

今天「姓氏」兩個字連着說，但先秦時的「姓」和「氏」是不同的。上古時期，一個部族壯大了，就有了自己的族名。族名就是「姓」，比如姬族、姜族。觀察這些古老的姓，會發現它們都帶女字旁。這是因為當時是母系社會，人們只知道母親是誰，不知道父親是誰。

我們三個都姓韓。

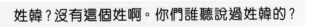姓韓？沒有這個姓啊。你們誰聽說過姓韓的？

沒聽說。我們只聽過姬、姜、嬴（yíng）、媯（guī）、姞（jí）、　姚　、姒（sì）、妘（yún），這都是大姓。

是不是異族的奸細？抓起來！
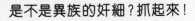

別別，我是孟小元，從前就來過這裏。

咦，為甚麼他們沒聽說過姓韓的啊？

這是因為，我們今天說的「姓氏」，在上古時期是有區別的。今天常說的「姓甚麼」，其實是「氏甚麼」。

3

不同的氏

這些大族總要逐漸分化的。有的當了官，有的去了某個封地，分成一支一支的支系。這些支系，再拿原來的「姓」當自己家族的名字，就沒甚麼意義了。於是就用官名、封地名、職業名給自己的家族命名，這就是「氏」。

上古很多平民百姓，並沒有姓和氏，只有一個便於使喚的名字。平民百姓大量獲得「氏」，大概要在戰國之後。現在的家庭和古代的家庭相比，發生了很大的變化。一個個小家庭和家族脫離，也漸漸失去了家族的傳承性。所以這時候，跟誰的「氏」，實際上已經成了一種傳統習俗

（姬）

鄭

韓

魏

魯 ┐ 封地

屠

卜 ┐ 職業

巫

司馬 ┐ 官名

祖上是幹屠戶的。

祖上是占卜算卦的。

祖上做過「司馬」的官職。

以「韓」為例，韓家族的祖上，源自戰國七雄之一——韓國。所以嚴格來說，應該叫「以韓為氏」。而戰國時期的韓國，是從春秋的晉國分出去的。晉國是周成王的弟弟建立的，所以是「姬」姓「韓」氏。「姓」就是族名，族之間無所謂貴賤。而「氏」是從社會身份來的，所以能看出來，比如：齊、魯、韓、秦……這幾個，多數是這些諸侯國貴族的後代，用封地名當了氏。

但為甚麼我們今天又說「姓韓」，我能不能改名叫「姬言言」呢？

這可不行，這不符合古代的稱呼習慣。還是得按分化出來的分支，你是「出自姬姓，以韓為氏」，叫「韓詩詩」。

哦，我明白了。「姓」就好比我是哪個學校的，「氏」就好比我是哪個班級的。

排行

古時候人們的排名往往會體現在名字當中。老大叫伯（或孟），老二叫仲，老三（或介於老二和最小的之間）叫叔，最小的叫季。伯、仲、叔、季，是兄弟和姐妹分開排的。通常來說，一連有五個以上的兄弟或姐妹是很少的。如果真有，也不是沒有辦法。三國時期的蜀國的大臣馬良、馬謖（sù），兄弟五個。馬良是老四，大概父母生他的時候，認為這是最小的兒子了，就給他取字「季常」。但後來又有了馬謖，就字「幼常」。

我是魯國國君伯禽。眾衛士，放了他們吧。

是！是！第一次辦跨朝代的文化節，好多事情沒弄清楚，失禮了！

這位就是魯國國君，他叫伯禽。魯國是大功臣周公旦的封地。伯禽是他的兒子，也是魯國的第一任國君。這次文化節就是他主持、組織的。「伯」表示他排行老大，「禽」就是鳥的意思。

為甚麼「伯」就是老大的意思呢？

伯符

仲謀

叔弼

季佐

古時以伯仲叔季命名的人非常多。比如三國東吳的建立者孫權，他母親生了四個兒子：老大孫策，字伯符。老二孫權，字仲謀。老三孫翊（yì），字叔弼。老四孫匡，字季佐。孔丘，字仲尼，說明他是老二。管仲，說明他是老二。漢高祖劉邦，又叫「劉季」，說明他最小（但不一定是老四）。

避諱

古代社會有着「為尊者諱」的制度。這裏的尊者，指的不僅僅是長輩，也包括帝王等社會制度上的高位者。例如，兒子對父母，不能直呼父母的名字。遇到和父母名字同音的場合，也要迴避。例如漢代淮南王劉安的爸爸叫「劉長」。劉安提到「長」的時候，都改成「修」。比如「長短」就叫「修短」。宋代文學家蘇軾的爺爺叫蘇序，但「序」又是一種文體。蘇軾的父親蘇洵給人寫序的時候，就不叫序而叫「引」。蘇軾又改成「敍」。

你們幾個，為甚麼嘀嘀咕咕地談論我們國君的名字，不知道避諱嗎？

咦，甚麼叫「避諱」啊？

在古代，是不能隨便喊尊長名字的不但不能當面喊有些朝代規定寫時候也不能隨便寫

避諱的方式除了改稱，也有缺筆。比如唐太宗叫「李世民」，所以規定凡是遇到「世」「民」，就換一個字。比如把「世」換成「代」，把「民」換成「人」。唐朝人說「人風」，其實就是「民風」。如果不換字，也可以缺末筆表示尊重。比如唐朝人寫到「民」，經常缺最後一筆。宋太祖叫趙匡胤，清康熙皇帝叫玄燁，所以宋朝人寫到「胤」，清朝人寫到「玄」，都經常缺末筆。

李賀

　　唐代的避諱很嚴格，兒子不但不能說父親的名字，連和父親名字同音的字也要避開。甚至有些人認為連父親名字同音的事情都不能做。詩人李賀的父親名叫「李晉肅」，李賀去考進士，有些人嫉妒他的才華，就攻擊他說，李賀不孝。因為他父親叫「晉肅」，「晉」和「進」同音，應該避諱，不能考進士。當時的大文學家韓愈就很生氣地說：「父親名字裏有『晉』，兒子就不能考進士；那麼父親名字裏如果有個『仁』，兒子就不能當人了嗎？」

　　但是韓愈的辯解也沒起到作用，李賀最終沒有參加考試，精神受到了很大的打擊。可見當時這種所謂的「避諱」，已經成了陋習和害人的藉口。

伯仲之間

　　比喻人或事物不相上下，比不出老大、老二，難分優劣高低。也叫「不相伯仲」。

入門問諱

　　客人進門，要先問主人祖先名諱，以便談話時避開。在古代這是一種禮貌。

　　查一查，你現在的姓（氏）是出自上古的哪個姓？

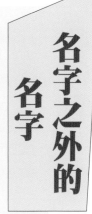

登記表

姓名	韓亮亮	年齡	6歲	
字		號		
室名		鄉貫		
特長				
備註				
日期		接待人		

字，也叫「表字」。表就是外面的意思。表字，顧名思義是給外人叫的。名不能隨便叫。取字，一般按照相同相近、相反相對或相關三個原則。

各位客人，剛才衞士們失禮了，請原諒。不過要進城，按規矩還得先填一張登記表。

姓名，年齡……咦，這一欄要填「字」。這是甚麼啊？

這個「字」又叫「表字」，是你姓名之外的名字。

字和名可以意思相同或相近。例如三國時期名臣諸葛亮。他字「孔明」，「明」和「亮」是同義詞。
字和名也可以相反或相對，例如唐代文學家韓愈。「愈」是「超過」的意思，和「超過」意思相反的是「退後」，所以他字「退之」。
字和名也可以相關。例如宋代文學家蘇軾，字「子瞻」。「軾」是古代車上的橫木，「瞻」是向遠處眺望。「軾」就是給人扶着眺望的。

諸葛亮 / 孔明 → 相近

韓愈 / 退之 → 相反

蘇軾 / 子瞻 → 相關

9

我們有了「字」

在古代，一個孩子出生不久父母就會給他起「名」；但是得等到成年，也就是男子滿二十歲，女子滿十五歲，才能取字。因為這時候要進入社會了，如果別人再喊你的名就不禮貌了。不過這個習俗後來也沒有那麼嚴格。

一般表字的兩個字裏，如果其中一個字已經有了實際意義，另一個字除了可以是表排行的「伯」「仲」「叔」「季」等字，還可以是襯字。比如「子」，只簡單地表示美好。表字不只有兩个字的，也有一個字的，比如戰國詩人屈原，他名「平」，字「原」。

「文」的同義詞是「章」，所以可以字「伯章」。「文」和「章」，最早的意思都是花紋，後來才表示今天的「文章」。這個取字的原則是名和字意思相同。

韓文文字伯章

韓詩詩字仲韻

那我們也都取個字，就當體驗一回唄吧。

詩，是有韻的文學，所以可以字「仲韻」。這個取字的原則是名和字意思相關。

孟小元字子初

「元」是最初、開始的意思。比如「元旦」，就是一年最初的一天。「子」，只簡單地表示美好。

「聽其言，觀其行」。一個人，要聽他说了甚麼，還要看他做了甚麼。所以與「言」相對的是「行」，「季行」。這個取字的原則是名和字意思相對。

韓言言字季行

別號

　　古人取號有很多方式，很多方式，可以表明自己的志向、感情、興趣愛好，也可以紀念自己的家鄉，還可以標明自己的住處。比如唐代詩人李白，他幼時生活在青蓮鄉，所以號「青蓮居士」。東晉詩人陶淵明，他家門前有五棵柳樹，就號「五柳先生 」。宋代詩人黃庭堅，因為喜歡一個叫「山谷寺」的地方和周邊的風景，就號「山谷道人」。宋代文學家歐陽修，因為他家裏有一萬卷藏書、一千卷金石、一張琴、一副棋、一壺酒，再加上他自己一個人，就是六個「一」，所以自號「六一居士」。

各位，請繼續填表 。 除了字之外，還得有「號」。

　　號並不是某一類人的專屬。上至文臣武將，比如明代抗倭英雄戚繼光，就號「南塘」；下至黎民百姓也有號，通常被稱為「綽號」。例如，《水滸傳》裏，108 將都有綽號：魯智深，因為身上刺了花紋，又出家當了和尚，所以號「花和尚」；吳用，因為足智多謀，所以號「智多星」；武松，因為打扮成行者（帶髮修行的佛教徒）的模樣，所以號「行者」⋯⋯

11

號的形式較為隨意，多少個字的都有。有兩個字的，比如宋代詩人王安石號「半山」。有三個字的，比如唐代詩人李商隱號「玉溪生」。也有五個字的，比如元朝大書法家趙孟頫 (fǔ)，號「水精宮道人」。有一位名叫釋成果的高僧，善於畫梅花，自號「萬里行腳僧小浮山長統理天下名山風月事兼理仙鶴糧餉不醒鄉侯」，足有 28 個字！

賀僧號「萬里行腳僧小浮山長統理天下名山風月事兼理仙鶴糧餉不醒鄉侯」

「號」是自己取的，用來表明自己的志向或者特徵等等。可以不止一個，可以自由更改，也較為隨性。一個人也不一定只有一個號。趙孟頫除了「水精宮道人」外，還號「松雪」，又號「鷗波」。明末清初大畫家石濤，有「鈍根」「石道人」「苦瓜和尚」「瞎尊者」等十多個號，致使當時人都覺得煩，說他的號太多，太難記了。

我明白了，「號」就相當於今天社交媒體的暱稱。你喜歡叫甚麼，就叫甚麼。喜歡多少個字，就可以多少個字。你登錄不同的平台，可以用一個暱稱，也可以用不同暱稱。

我們也有「號」了！

那我們三個也得取個號啊。

你們家旁邊有甚麼名勝或者值得紀念的地方？

沒有。

就算有，我們三個也不能一塊兒用啊。

哦，也對，別號是很靈活的，那就根據你們各人的愛好取吧。
你們說說，你們都喜歡甚麼？

我喜歡練武術。

那你可以號「大壯」，非常雄壯，厲害吧。

我喜歡讀書。

那你就可以號「墨仙」，沉浸在書香墨香中的小仙女。

我喜歡……嗯，我好像沒甚麼喜歡的。

有啊，韓言言就喜歡睡懶覺。

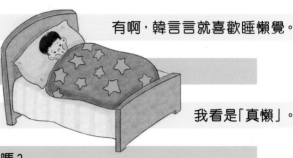

那你可以號「懶真」。

我看是「真懶」。

有拿「懶」字當別號的嗎？

有啊，宋代有一個學者叫馬永卿，他別號就叫「懶真子」。

哈哈，這個好，我用了。

孟小元，那你呢？

我在異界到處旅行，所以自號「天遊公子」，也可以簡稱「天遊」。

那你可以號「大壯」，非常雄壯，厲害吧

我喜歡練武術。

孔子

傳說孔子出生前，他的母親曾經在一座叫尼山的山丘禱告過。而更巧合的是，孔子剛剛出生的時候，頭頂便有一些凹陷。而「丘」當時寫作「𠂤」。所以，孔子便名叫「丘」，字「仲尼」。

李白

李白的母親懷他的時候，夢見天上的太白金星下凡，進了她的肚子，於是就給兒子取名「白」，字「太白」。白、太白，都是太白金星的意思。

待字閨中

女子成年之後才能有自己的「字」，也才可以進行婚配，所以形容在自己的閨房裏等待許嫁的女子，就可以說「待字閨中」。

請根據本節講的取字號的原則，
給自己起一個別致的字和號吧。
同學之間試着互相稱呼一下。

室名也是別號的一種。文人經常既有室名，又有普通的別號。比如：蒲松齡，字留仙，號柳泉居士，室名「聊齋」，所以又稱「聊齋先生」。紀昀（yún），字曉嵐，號石雲，室名「閱微草堂」，所以他寫了一部書叫《閱微草堂筆記》。

文人都會給自己住的地方起一個好聽的名字，叫「室名」。文人的房間，稱呼也有很多，比如：齋，家居的房屋；堂，開闊的堂屋；軒，敞亮的房間；廬，簡陋的房子；庵，圓頂的草屋；榭，建在高台的木屋。

各位，表還沒填完。各位還需要填上自己的「室名」。

怎麼這麼麻煩啊？不是有「號」了嗎？

同一家人，不同室名

我們三個是一家人，怎麼起不同的室名呢？

那你們三個各自的臥室呢？房間裏有甚麼特點呀？

17

我的卧室裏，有一對鍛煉用的啞鈴。

啞鈴就是金屬的輪子嘛，那文文的室名可以叫「金輪齋」，你就可以自稱「金輪齋主」。

我的卧室朝着陽台，可以看見遠山。

那你的室名可以叫「遠山軒」，你就可以自稱「遠山軒主」。

我的卧室里只有玩具、書、零食……但那都是我的寶貝。

那你寶貝很多嘛。你的室名可以叫「多寶樓」，你就可以自稱「多寶樓主」。

咦，哈哈哈，這麼一說好像很好聽的樣子。孟小元，那你呢？

我有一面時空之鏡，鏡子又叫「鑑」。我的堂號叫「鑑古知今堂」，自稱「鑑古知今堂主」。

仙鄉何處

還要在表格上填上各位的仙鄉⋯⋯

古代，很多城市都歷經朝代變更，有許多別稱和雅號。以北京為例，春秋時，北京城區在春秋時期屬古薊（jì）國。今德勝門外舊傳為薊國城門遺址。所以可以叫「古薊門」。後來戰國七雄的燕國把薊國滅掉，吞併了薊國的領土，北京就歸燕國管轄，所以也稱「燕京」。北京從明清到現在，大部分時間裏都是中國的首都。古代管首都又叫「京師」，所以也可以用「京師」來作為北京的雅稱。

其他城市也有一些類似的別稱，例如：南京古稱「金陵」「石頭城」「秣（mò）陵」；濟南古稱「歷下」；杭州古稱「餘杭」「錢塘」；成都古稱「錦城」「錦官城」；西安古稱「長安」；石家莊古稱「常山」。

登記表

姓名	韓衰衰	年齡	6歲
字	季行	號	懶真
室名	多寶樓	鄉貫	京師
特長	睡懶覺		
備註	愛吃炸雞 有很多玩具 喜歡問各種為甚麼		
日期	黑算他元9876位年3月21日	接待人	書記員

仙鄉何處，就是問對方家鄉是哪裏。「仙鄉」是對他人家鄉的敬稱，古代又叫「鄉貫」。

啊，那我北京的。

那就填「京師」好了。

這是為甚麼呀？

在這種雅集的場合，一般都稱自己家鄉的古代名字或者別稱，表示一種高雅。

我明白了，「京師」就是北京古時候的別稱。

稱號的順序

　　稱呼別人，一般的順序是鄉貫、頭銜、齋號、別號、姓、尊稱（公、君、先生等）、表字。所有的稱呼都可以，唯獨不能把名帶出來，因為直呼其名是不禮貌的。相反，對人自稱，要稱自己的名以表示謙虛，不能自己喊自己甚麼先生、甚麼君。

薊門金輪齋主大壯韓君伯章，有請！

燕京遠山軒主墨仙韓君仲韻，有請！

京師多寶樓主懶真韓君季行，有請！

長安鑑古知今堂主天遊公子孟君子初，有請！

第一屆異界文化節歡迎各朝代人士光臨

為甚麼要在姓後面加個「君」字啊？

「君」是對人的尊稱。

各朝代的文人雅士，你們好！現在雅集開始，所有的人都要作詩！

啊……早說啊，早說我就不來了……我們不會呀……

沒關係，也可以用古人的句子。如果說得好，就可以選擇現場任意一位詩人，去他家裏參觀。

好吧，請開始！

各自作詩一首，要把自己的別號嵌進去。

我是天遊公子，那就「大鵬飛萬里，舉翼任天遊」。

我號大壯，應該寫甚麼呢……有了，「少壯不努力，老大徒傷悲」。

每人都要作詩！

蘇軾在黃州的時候，住的地方叫「東坡」，他就自號「東坡居士」。這是他《臨江仙》裏的句子。

夜飲東坡醒復醉，歸來彷彿三更。

青蓮居士謫仙人，酒肆藏名三十春。

這是李白《答湖州迦葉司馬問白是何人》裏的句子，「青蓮居士」是他的號。

老住香山初到夜，秋逢白月正圓時。

這是白居易晚年的詩。他晚年隱居在洛陽龍門的香山寺中，所以自號「香山居士」。

少陵野老吞聲哭，春日潛行曲江曲。

這是杜甫《哀江頭》的句子。因為他旅居長安期間，居住在城南的少陵一帶，所以他自號「少陵野老」。

21

也湊合。這是漢代的《長歌行》，雖然不是你寫的，但把「大」和「壯」兩個字湊進去了。下一位，遠山軒主，請。

遠上寒山石徑斜，白雲生處有人家。

也可以。這是杜牧的《山行》，把「遠」「山」兩個字嵌在裏面了。多寶樓主，到你啦！

啊……這個……「我的寶物多又多，我的玩具一大車」。

把「多」「寶」兩個字塞進去了，而且，這兩句是韓言言自己作的哦，就算通過吧。

很好，那你想參觀哪位詩人的家？選一選吧。

那就杜甫先生吧！我從小就背他的詩。

蒲松齡

　　清代文學家蒲松齡，經常在他居住的地方附近鋪上蓆子，旁邊放着茶水。凡是路過的人，都可以來喝茶，不收費用。蒲松齡就和他們閒談聊天，這樣就收集了許許多多各地的奇聞逸事。然後，蒲松齡把這些故事加工潤色後記錄下來，所以他把自己的書齋命名為「聊齋」，記錄下來的故事書名為《聊齋誌異》。

懷素

　　唐代僧人懷素喜歡書法，但沒有錢買紙。他就在屋旁種了許多芭蕉，取芭蕉葉代替紙，在上面練字。他還把自己的住所叫做「綠天庵」。

　　請你給自己的房間起一個好聽的名字吧，還可以做成牌子掛在門口。

禮儀

出生

韓言言搗亂了，他倒着轉時空之鏡，杜甫一下子回到了剛出生時。

韓言言，你不要亂動時空之鏡！

哇，我們總算到了杜先生家裏！

哇哇！

弄璋和弄瓦

弄璋，指生下男孩子。先秦有一種習俗，如果生了男孩，就把「璋」給他玩。璋是一種玉器。春秋時期，臣子朝見王侯的時候，手裏就要拿着玉璋。所以「弄璋」的意思，是爸爸媽媽希望他長大後可以做官，成就事業。生了女孩，就給她玩陶製的紡錘。陶紡錘也叫「瓦」。紡錘是古代紡織用的工具。這是父母希望女孩長大後會紡線、織布，成為一個會做家務活的賢妻良母。所以，生了女孩，叫「弄瓦之喜」。

還有一個習俗。如果生了男孩，就在門的左邊懸掛一張弓；如果是女孩，就在門右側懸掛一條帨（shuì）。帨，是女子用的佩巾。弓和帨，分別是古代男子和女子常用的東西。

這個習俗就叫「男懸弓，女懸帨」。今天我們男女平等，這些習俗也僅僅在歷史上存在了。

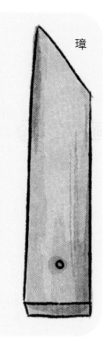

璋

陶紡錘

恭賀二位弄璋之喜。

哇哇哇！

哇哇哇！

這個小不點就是杜甫啊。

洗三

洗三，又叫「洗三朝」，是在孩子出生三天後的禮儀。這一天，親朋好友們都會過來祝賀。家人把嬰兒抱出來，放在一個金盆裏洗澡。洗完後，用漂亮的布被把孩子包裹起來，抱給親朋好友看。來參加「洗三」的客人，都會送金銀錢，表示祝賀，這叫「洗兒錢」。主人收下洗兒錢後，要大擺酒席，招待客人，大家歡聚一堂。

各位好，歡迎來到我兒子的「洗三」。

快看，他抓了一枝筆。

這又是一個有趣的習俗，叫「試兒」，後來也叫「抓周」。

看，杜甫的媽媽把他抱出來啦！他們又要做甚麼啊？

抓周

　　這一天，人們會把小孩子抱出來，在他面前擺滿各種各樣的東西——筆、墨、紙、硯、剪刀、尺子、弓箭、首飾、針線等，然後任他去抓。每種東西都有專門的寓意。大家認為，孩子抓到的和他日後的志向、工作有關。比如，如果抓到了筆，就表示以後會成為文人；抓到了弓箭，就表示可能會成為武將；抓到了首飾，就表示日後愛美。

賈寶玉

　　賈寶玉是中國四大名著之一《紅樓夢》中的人物。書中寫賈寶玉出生的時候，嘴裏就含着一塊五彩晶瑩的玉，而且玉上還有許多字跡，所以得了個「寶玉」的名字。除了銜玉而生外，寶玉在抓周之禮中的表現也十分奇特。賈寶玉滿一周歲時，家裏把筆墨紙硯、書本等擺了無數，寶玉統統都不感興趣，卻獨獨抓了些脂粉釵環，都是女子平時用的物件。父親賈政為此大怒，認為寶玉長大後必是沉迷酒色之徒。但《紅樓夢》也正藉此暗示他對女性的理解、同情。

問問你的父母，你一週歲的時候，有沒有舉辦過甚麼有趣的活動？

成長

那我們快撥動時空之鏡去看一看吧。

接下來就是成人禮，不過得等到杜甫 20 歲的時候舉行。

接下來還有甚麼禮啊？

冠禮

古代，男孩的成人禮叫「冠禮」，女孩的成人禮叫「笄禮」。在這一天，男子要戴上「冠」，也就是專門的帽子；而女子要把頭髮綰（wǎn）起來，用笄簪上。一般在男孩滿 20 歲，女孩滿 15 歲時舉行。先秦時這種禮儀比較嚴格，唐代沒那麼嚴格地遵守了。

冠禮的過程非常隆重，首先要在宗廟的大門外占卜，選一個加冠的吉日。確定之後，要提前通知賓客，並且選一位嘉賓給孩子加冠。一般來說，要加冠三次，分別叫「始加」「再加」「三加」。也就是戴三次帽子。

第一次戴的是粗布做的帽子，叫做「緇（zī）布冠」。這帽子其實就是一塊黑布，寓意是不要忘記先人創業的艱難。

第二次戴的是「皮弁（biàn）」，是皮革做的帽子。寓意日後事業有成，為國效力。

第三次戴上精緻的「爵弁」，這是古代的一種禮冠，它是用極細的葛布或是絲帛專門做成的。戴上了這頂帽子，就證明可以參加政治活動，可以進行祭祀了。

你已經是成年人了，我為你取一個字。你的名字叫「甫」。甫是男子的美稱。根據意思相近的原則，給你取字為「子美」。好了，加冠完成，你去拜見一下各位長輩吧！

謝謝父親。

古代，人們在相互拜見時，由於身份地位的不同，會行不同的拜禮。越是對身份高的人，拜禮就越隆重。對身份低的人，只要作揖就可以。

拜禮中，最恭敬的禮節是「稽（qǐ）首」，頭磕到地上停留一會兒，再抬起來。對皇帝要使用這種禮節。其次是「頓首」，就是頭碰到地面立即抬起來。再次就是「拜手」，跪下後兩手重疊，頭低下到手就停下來。頭沒有碰地，所以又叫「空首」。平常的見面，互相使用「揖禮」，不用跪拜。雙手重疊在一起推出，從上到下晃動。如果舉得很高再向下，就叫「長揖」。下屬跪拜尊長時，尊長也可以作揖還禮。如果地位低的人遇到地位高的人，用長揖，而不用頓首、稽首，就表示他態度傲慢，對官長不屑一顧。

見面禮

成語典故

沐猴而冠

沐猴（獼猴）戴帽子，裝成人的樣子。比喻表面上裝扮得像個人物，而實際並不是。

互動？

今天很多地方開始恢復成年禮，有人認為，這可以加強成年時候的儀式感，為青年進行一場成年洗禮，標誌他們已經長大獨立了；而有的人認為這已經是過時的傳統禮俗，過於繁瑣複雜，是應該拋棄的「糟粕」。你怎麼看待恢復成年禮這件事呢？

結婚

好消息！好消息！杜甫要結婚啦！女方是楊家的姑娘，也是大戶人家之女，和杜甫門當戶對。

是啊，杜家人出出進進，大包小包的食物、綢緞送進來，正忙着準備呢。

六
禮

在古代，婚禮有一套非常複雜的流程，合起來叫「六禮」。按先後順序，分別是納采、問名、納吉、納徵、請期、親迎，一共六步。

第一步，「納采」，也就是男方的父親先請媒人去女方家裏求婚，問女方是否願意結親。這時候要給女方家裏送些小禮物，例如一隻大雁。今天民間也叫「提親」。古人認為，大雁是成雙成對的，愛情很堅貞，所以就用大雁象徵男女雙方永結同心。

第二步是「問名」，女方同意了男方結親的請求之後，男方還要再請媒人到女方家裏拜望。問女孩子的名字，以及出生年月日，並把這些內容寫在一張紙上，叫「庚帖」。目的是拿回去算一算是不是吉利。

第三步是「納吉」，男方拿着女方的庚帖去占卜之後，要是雙方適合婚配，男方就要帶上禮物，送到女方家裏，表示訂婚。

第四步是「納徵」，也就是今天說的「過大禮」。這時，男方要給女方家送去金銀布帛等禮物，作為聘禮，也算是男女雙方都正式認可了這門親事。一般雙方都要寫正式的「婚書」，這種婚書在法律上是有效的。

第五步是「請期」，就是男方到女方家，商量、確定一下舉行婚禮的日期。

第六步是「親迎」，新郎要親自去新娘家迎親，表示對新娘的愛護，對新娘家裏人的尊重。今天民間也叫「接新娘」。

親迎

結婚的「婚」的右邊，是不是有個「黃昏」的「昏」？這就說明，古代的婚禮都在黃昏時舉行。在古代，「婚」也寫成「昏」。原始社會，人們實行的是「搶婚制」。當時沒有國家，也沒有城市，都是一些原始部落。男人們就會跑到其他部落去搶女人，這種婚姻形式叫「搶婚」。搶婚不能大白天地去，對方肯定有準備。只能等太陽落山以後，甚麼都看不清楚，就容易搶婚成功。所以最早就叫「昏禮」，只不過後來才加了「女」字旁，變成「婚禮」。包括「親迎」的隊伍需要很多人，這也是原始社會「搶婚」留下的痕跡。進入文明社會後，就變成熱鬧好玩的儀式了。人越多，就越隆重，表示男方對婚事越重視。

今天是杜甫去楊家「親迎」的日子。

太陽都偏西了，杜甫怎麼還不動身啊？

38

迎親隊伍到了之後，女方家會派出拿着大棍子的家丁，這同樣是「搶婚」習俗的遺留痕跡。現在當然不能真打，就是大家熱鬧一下。這種習俗，還留在今天的婚禮中，比如「堵門」，新郎帶人叫門，娘家人在裏面堵着，給新郎出難題，都是這個道理。進入大門之後，每進一到門，就得唸一首詩。到了新娘子的閨閣門前，還要唸詩催妝。唐朝是詩歌興盛的時代，當然各種場合都得唸詩。唸完「催妝詩」，這才算把新娘迎出來，還要經過一套複雜的禮儀，才能接回家裏。

咦，杜甫都到女方家門口了，為甚麼他們還關着門啊？

這可是迎親的重要環節。

39

婚禮現場

青廬，就是在住宅的西南角「吉地」，露天設一個青布搭成的帳篷，是舉行婚禮的地方，婚禮時新娘從特備的氈席上踏入青廬。

為甚裏搭篷呢

這個帳篷叫「青廬」，是舉行儀式的地方。

婚禮時，新娘會用扇子遮住臉，這是不想讓男方家裏看到新娘子的模樣，要想看，新郎就得唸「去扇詩」。

月下老人

　　據說，唐朝有個叫韋固的人。有一次，他離開家，在外面旅行，住在了一個叫做宋城的地方。這天晚上，他遇到了一位老人，正在月光下翻檢書信，老人的身旁有一個布袋子，裏面裝着很多紅色的繩子。韋固覺得非常奇怪，於是上前問老人：「這些紅繩有甚麼作用呢？」老人回答說：「這是用來繫夫妻的腳的。即使兩人生在仇人之家，貧富懸殊，遠在天涯，只要一繫上去便會結為夫妻。」因此，人們就把婚姻的介紹人稱作「月下老人」，又簡稱「月老」。

新娘子接回來了！

去扇之後，就要「合巹 (jǐn)」。合巹，是把一個完整的葫蘆剖開，成為兩個瓢，新郎新娘各拿一個飲酒，表示日後就是一家人了。

明媒正娶

成語典故

　　舊時指經媒人說合，父母同意並以傳統儀式迎娶的正式婚姻。區別於「私定終身」或不公開的婚姻。

新婚宴爾

　　新婚歡樂的樣子。《詩經·邶風·谷風》：「宴爾新昏，如兄如弟。」後以「宴爾」為新婚的代稱。宴，也寫作「燕」，安樂的樣子。

互動？

你參加過別人的婚禮嗎？對比一下古代婚禮中的「六禮」，哪些習俗今天已經沒有了，哪些習俗在今天還保留着？

送老

弔喪，「弔」，就是慰問的意思。「喪」就是哀悼去世人的禮儀。有人去世，他生前的親朋好友都要來向家屬慰問，叫「弔喪」。「弔喪」屬於喪禮的一部分。

杜甫的叔祖父去世了，他要去弔喪。

這是怎麼了？

杜甫看上去很傷心。

中國人自古以來就非常強調孝道，所以十分重視喪禮。有一句話叫「唯送死可以當大事」，過去家裏辦喪事，也叫「當大事」。喪禮總體來說分為「訃（fù）報」「入殮（liàn）」「出殯（bìn）」和「守喪」四個部分。

訃報。「訃」就是向親友報告家人去世的消息，也叫「報喪」。今天有人去世，公開刊登的消息，仍然叫「訃告」。

入殮。就是把死者的遺體裝入棺材。這是一套非常複雜的流程。

出殯。「殯」的右邊是一個「賓客」的「賓」字，是古代喪葬文化觀念的反映。古人認為，死者是暫時離開家的賓客。等到挑選好了日子、時辰，選好了墓地以後，人們就將死者送去安葬，而死者的親人朋友們也會一路跟隨着棺木為死者送行。

守喪。死者下葬以後，他的親人們還要為他悼念。從穿衣到吃飯各種生活細節都要有改變。有的人執行得很嚴格，不喝酒，不理髮，不洗澡。有的還要在父母的墳墓前搭個小房子，住在裏面，表示對父母的懷念，這叫「廬墓」。

古代，如果是做官的人父母去世，還要回家守孝三年，三年之後才能繼續回朝當官，這叫做「丁憂」。

43

在古代的喪禮中，和死者的關係不同，穿的喪服也就不一樣。往往關係越親近，穿的衣服也就越破爛越粗糙。根據和死者的親疏遠近，有五種喪服，代表着不同的親屬關係，這就叫「五服」。

斬衰（cuī）、齊（zī）衰、大功、小功、緦（sī）麻五種。「斬衰」，是五服中最高一等的喪服，是和死者最親近的人穿的，一般是子為父、妻為夫所穿。「斬衰」在五服中是最破敗的，它用最粗的生麻布製成，衣領、袖口、邊緣都不縫邊，非常粗糙，就像是用刀子斧頭斬開的一樣，所以叫做「斬衰」。

和死者的親屬關係越近，穿得越破舊，守孝的時間也更長，這是「親疏有別」。因為和死者的血緣越近，感情越深，對死者的悼念之情就越重。今天說親戚關係如果「出了五服」，意思就是關係很遠的親戚，即使去世，也不必為他服喪了。

除此之外，服喪規格的差異也體現了中國古代「五服」制度的男女不平等。古代的喪禮受到了父權制的影響，在宗法社會中，往往把男子作為家庭的中心，哪怕是在喪禮中，男子的地位也更高一些。這是今天不值得提倡的。

杜甫換了一身白色的衣服出門了。

是的，這就是喪服。

	等級	與死者關係	材質	特點
斬衰	一等	子為父，妻為夫	最粗的生麻布	衣領、袖口的邊緣都不縫邊，像刀子、斧頭斬開的一樣
齊衰	二等	子為母，夫為妻，孫輩為祖父母等	粗麻布	衣領、袖口的邊緣處都縫了邊，顯得更為齊整
大功	三等	堂兄妹，或是已經嫁人的女子為伯叔父	粗熟麻布	用料比齊衰好
小功	四等	叔伯祖父母、外祖父母等	粗熟麻布	做工比大功細緻
緦麻	五等	曾祖父母、高祖父母，曾伯叔祖父母、族兄弟等	細熟麻布	做工比小功細緻

阮籍

　　三國時期的阮籍對母親的感情很深。母親去世時，他正在和別人下圍棋，對方聽說了這個噩耗，就說不要下了。阮籍卻堅持要把棋下完，接着飲酒兩斗，大聲號哭，吐血數升。等到母親快要下葬時，他吃了一隻蒸熟的小豬，喝了兩斗酒，然後和母親作最後的訣別，號哭一聲，又吐血幾升。因為過度哀傷，他形體十分消瘦。

哀毀骨立

　　形容因為親人去世，為親人服喪，傷心得身子都垮了，瘦得好像只有骨頭支立着一樣。

嗚呼哀哉

　　常用在祭奠死者的祭文裏，表示對死者的哀悼。後來也表示死亡或事情完結，有詼諧或諷刺的意味。

稱謂

家族

拙荊，是對別人謙稱自己的妻子。東漢有一位隱士梁鴻，他和妻子孟光感情很好。孟光生活儉樸，以荊枝作釵，粗布為裙。所以後人就用「拙荊」謙稱自己的妻子。

大父、大母，就是祖父、祖母的意思。杜甫先生的祖父，名叫杜審言。祖母是薛氏夫人。

「先」，就是去世的意思。先父就是去世的父親，先帝就是上一代去世的皇帝。

啊，算了算了，不必這樣客套。我是杜甫的父親，叫杜閒。這是拙荊。這畫上的兩位是先大父、先大母。

這兩位就是家父、家母。

杜先生，您爸爸叫甚麼名字呀？

哎呀，不要這樣問，這樣很不禮貌。

49

祖父的父親叫「曾祖」，曾祖的父親叫「高祖」。高祖以上就按從自己開始的輩分算。高祖的爸爸是「五世祖」。五世祖的爸爸是「六世祖」。許多許多代以前的祖先，叫「遠祖」。孫子的兒子叫「曾孫」，「曾」就是重的意思，所以也叫「重孫」。曾孫的兒子叫玄孫，「玄」在這裏是模糊不清的意思。玄孫的兒子叫「來孫」，「來」在這裏就是遠的意思。來孫的兒子叫「晜（kūn）孫」，「晜」是後的意思。晜孫的兒子叫「仍孫」，「仍」也有重疊的意思。仍孫的兒子叫「雲孫」，意思是遠如浮雲。雲孫的兒子叫「耳孫」，意思是離祖先太遠，只有耳聞。更遠的就沒有專門的名字了，一般叫「裔（yì）孫」或「系（xì）孫」。裔就是後裔，系就是世系。或者按輩分數，多少多少代孫。從自己開始算，上推四代：父親、祖父、曾祖、高祖，下推四代：兒子、孫子、曾孫、玄孫，這是九代人，合起來叫「九族」。

遠祖 杜預　　高祖 杜魚石　　曾祖 杜依藝

★ 此圖根據清代學者浦起龍《讀杜心解·杜氏世系表略》整理。

50

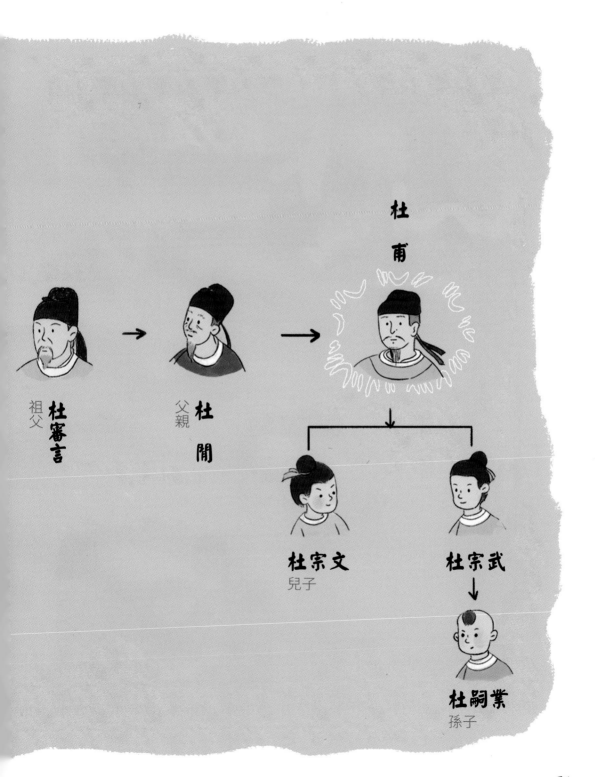

《三字經》對「九族」的說法是上下九代人。但也有人認為「九族」指的是「父族四、母族三、妻族二」這個縱向三個系統，上下只有三代的合稱。「父族」指父親一脈的親人。往上數，包括父親、祖父、曾祖父……往下包括自己的孩子、孫子、曾孫……隨着一代一代的繁衍，血緣關係也就越來越遠。

「母族」就是和母親有血緣關係的親人。稱呼母親的父母是「外祖父」和「外祖母」，母親的兄弟是「舅舅」，姐妹是「姨母」，我們是他們的「外甥」「外甥女」。

「妻族」，指的是本身並沒有血緣關係，因為男女結婚成為親戚的人。妻子的父母，稱為「岳父」「岳母」，而自己的妻子和兄弟的妻子之間就稱為「妯娌（zhóu li）」。

因此，以「父族四、母族三、妻族二」為定義的九族實際上指的是，父族四：姑之子（姑姑的子女）、姊妹之子（外甥）、女兒之子（外孫）、己之同族（父母、兄弟、姐妹、兒女）；母族三：母之父（外祖父）、母之母（外祖母）、從母子（孃舅）；妻族二：岳父、岳母。

當然，每一代裏還會有兄弟姐妹。父親的兄弟中，年長的稱「伯」，父親的弟弟稱「叔」。父親的姐妹則稱「姑」。我們是他們的「姪子」「姪女」。叔叔、伯伯的孩子，如果比自己大，就叫「從兄」「從姊（zǐ）」；如果比自己小，就叫「從弟」「從妹」。

交往

韓言言，我要批評你，你剛才不應該冒失地問對方父親的名字。

啊？為甚麼？

尊稱

　　古人說話有「尊稱」和「謙稱」。提到對方的時候，要用尊稱。尊稱是儘量抬高對方，儘量突顯對方的地位。例如稱呼對方的父親，應該叫「令尊」。稱呼對方的母親，應該叫「令堂」。令，就是美好的意思。對方的家屬，都可以用「令」來稱呼。比如稱呼對方的哥哥就叫「令兄」，稱呼對方的妹妹就叫「令妹」，稱呼對方的兒子叫「令郎」，稱呼對方的女兒叫「令愛」。還有比如對皇帝，要喊他「陛下」。陛是台階的意思。陛下的意思，是說我不敢直接稱呼您，只敢請您台階下的衛士轉達一下。又比如對大官，要喊他「閣下」。閣是大官辦事的樓閣。閣下的意思，也是不敢直接稱呼您，只敢請您樓閣下面辦事的人轉達一下。後來這個詞漸漸用得多了，對普通人也可以喊「閣下」了。稱呼普通人，可以稱「公」「君」。公、君在古代，都指一個諸侯國的君主，後來普通人為了抬高對方，就互相稱「公」或「君」了。稱呼對方的妻子，要稱「尊夫人」。在先秦，只有諸侯的妻子才能叫「夫人」，後來也成為對普通人妻子的尊稱了。稱呼比自己小的人，可以加一個「賢」字。比如「賢弟」「賢妹」。

在交往中，一般不要隨便問對方父母的名字。如果一定要問，也得說「請問令尊的名諱」。

謙稱，就是提到自己的時候，要儘量壓低自己的身份，這樣才顯得謙虛。比如：帝王自稱，要謙稱自己是「寡人」，意思是「寡德之人」，沒有德行的人。官員自稱，面對帝王，要稱自己是「臣」，平時可以謙稱自己是「下官」，意思是「地位低下的官員」。普通人自稱，可以稱自己是「小人」，也可以稱自己是「僕」「在下」等。而對別人提到自己的家人，前面帶一個「家」字就可以。父親就叫「家父」，母親就叫「家母」。自己的兄弟姐妹就可以稱「家兄」「家弟」「家姊」「家妹」。

謙稱

寫一封信

古人的信比現代的格式更加嚴格。給別人寫信，除了之前說到的對人的尊稱、謙稱外，對雙方的東西、動作，也要用尊稱或謙稱。

信的開頭，要說「某某啟」，意思是我向您啟奏、稟告。信的開頭或末尾，也可以說「某某頓首」，意思是我向您磕頭啦。不僅如此，在行文的過程中遇到表示尊敬的文字，都需要另起一行，將文字放到一行的頂端。

詩人高適給我來信啦！他要去長安玩玩，約我一起去。不過，最近身體有點不舒服，不能去。我給他寫封回信，再寫兩首詩寄去吧，表示感謝他的邀請。

既然杜先生身體不舒服，不如我來替你寫吧！

高適你好。聽說你要去長安啦，我病啦，不能去。給你寄我新寫的兩首詩吧，表示我的謝意。你可要好好讀一讀。此致敬禮，杜甫。

哈哈哈，你寫的這個，恐怕不能寄。高先生看了要生氣的。

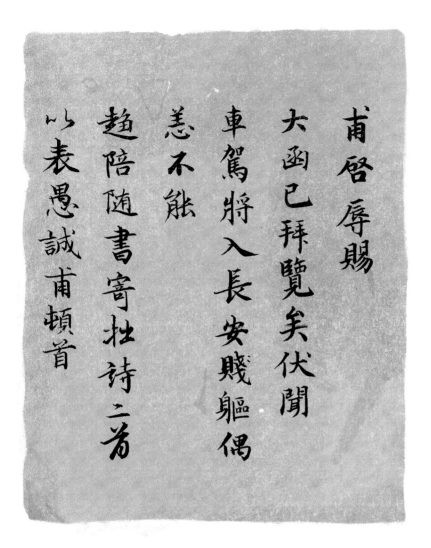

甫啟。辱賜
大函，已拜覽矣。伏聞
車駕將入長安，賤軀偶
恙，不能
趨陪，隨書寄拙詩二首，
以表愚誠。甫頓首。

甫啟辱賜
大函已拜覽矣伏聞
車駕將入長安賤軀偶
恙不能
趨陪隨書寄拙詩二首
以表愚誠甫頓首

稱呼對方的人或東西，要說「大」「貴」。比如對方的作品，叫「大作」；對方的
信，叫「大函」；對方的身體，要說「貴體」。稱呼自己這邊的人或東西，得用
「賤」「愚」「拙」「小」等。比如，說自己的身體，要稱「賤軀」；說自己的病，
要說「賤恙」；說自己的誠意，要說「愚誠」；說自己的妻子或丈夫，要說「拙
荊」或「拙夫」；說自己的兒子、女兒，要說「犬子」「小女」。

說自己的動作，得用「竊」「伏」，比如「我認為」要說「竊以為」，「我聽說」要
說「伏聞」。向對方的動作，要說「奉」「拜」，表示恭敬。比如寄給對方東西，
要說「奉寄」；看了對方的信，要說「拜覽」，意思是恭敬地看過。署名之後要
寫「再拜」，意思是拜兩次，相當於今天在信上寫「敬禮」。提到對方送給自己
的東西，要說「賜」，或者「辱賜」，意思是您把東西賜給我這樣卑微的人，使
您受到了恥辱。提到對方的行程，要用「車駕」，表示對人交通工具的尊重。
到對方那裏去，要說「趨」，意思是快走。

斷送洪喬

　　東晉殷羨，字洪喬，他從都城到豫章（今江西省南昌一帶）去，都城的人就託他捎信，帶了一百多封。過長江的時候，他竟然把信都扔在水裏，說：「沉者自沉，浮者自浮，我殷洪喬決不給人當送信的。」後來就稱不可信託的寄信人為「洪喬」。信被人寄丟了，就叫「斷送洪喬」。

別來無恙

　　自離別以來，沒有得病吧？一切都好嗎？常用作書信裏或平時問候別人的套話。恙，疾病。

聊表寸心

　　姑且表示一下我小小的心意。常用作書信裏送人禮物時的套話。

書不盡言

　　文辭難以充分表達我的意思。常用作書信結尾時的套話，也寫成「書不盡意」。

倫理

親情

我們轉動一下時空之鏡,到杜甫的晚年看看吧。

現在是大曆二年,公元767年,杜先生已經55歲了。

孝和慈

孝，其實就是愛爸爸媽媽的意思。愛爸爸媽媽，有很多種方式。比如，幫爸爸媽媽做點事情，不要讓他們操心。如果這些都做不到，對爸爸媽媽的態度好一點，不要亂發脾氣，也是一種孝。慈，就是爸爸媽媽愛子女的意思。因為子女和父母的關係是天然形成的，雙方自然要互相愛護。當父母強大，而子女弱小的時候，他們關心子女，對子女好，這叫「慈」；但子女會漸漸長大，父母會漸漸變老。當子女強大，他們弱小的時候，子女關心他們，對他們好，這就叫「孝」了。

因為任何人都是不能選擇父母的。父母要先撫養孩子長大，所以古人要求：父母慈，子才能孝。如果父母連慈都做不到，那也就沒法要求孩子孝了。孝是對父母的愛，我們盡自己的能力做到就可以了。如果不分青紅皂白地順從父母，這叫「愚孝」。比如古時有個人，因為家裏糧食不夠，又為了給老母親節省糧食，竟然要把自己的親生孩子埋掉，這就是違背人性的，是愚孝，在今天是不提倡的。

杜先生，你和孩子的感情真好。

中國傳統親情，講究「慈」和「孝」。

悌

古代有一個專門的字，表示敬愛兄長，盡到弟弟的本分，叫「悌（tì）」。孝敬父母，尊敬兄姊，合起來叫「孝悌」。同時做哥哥的也有做哥哥的責任。弟弟要對哥哥恭敬，哥哥要對弟弟友愛，叫「兄友弟恭」。

因為我有四個弟弟：杜穎、杜觀、杜豐、杜占。最近戰亂不停，他們都分散在各地。我給他們寫信，也收不到回信，實在是擔心啊。

杜先生，你在傷心甚麼啊？

您和兄弟姐妹的感情真好啊。

樹欲靜而風不止，子欲養而親不待

　　樹想安靜一下，但風不會停止。孩子長大後，有了贍養老人的能力，老人卻因為年高體衰去世了。比喻時間的流逝是不隨個人意願而停止的，以此來告誡子女行孝要及時。

緹縈救父

　　緹縈（tí yíng）是西漢人，她父親是著名醫學家淳（chún）于意。淳于意行醫的時候，有一個病人吃了藥沒好，就誣告他行醫殺人。按照刑法淳于意要被送到京都長安去受「肉刑」。當時的肉刑要砍腳，割鼻子，非常殘酷。緹縈是淳于意的小女兒，她毅然跟着父親去了長安，給漢文帝寫了一封奏章，陳述父親的冤屈，並說自己願意充當奴婢，替父親贖罪。漢文帝受到感動，不僅赦免淳于意的肉刑，還廢除了這種殘酷的刑罰。

百里負米

　　子路是孔子的學生，早年家中貧窮，他常常採摘野菜做飯，但為了讓父母吃得好，他就從百里之外買米揹回家，侍奉雙親。

五常

杜先生，你在寫甚麼？

我要給住我原來宅子的親戚吳郎寫封信。那宅子的外面有棵棗樹，有個鄰居老太太來摘棗子。他就給棗樹修了一道籬笆，圍起來了。我想勸他把籬笆拆掉。

這個故事裏的老太太是個窮苦人，無兒無女，交了官府的苛捐雜稅之後，就甚麼都沒有了。她要不是來摘點棗子充飢，就活不下去了。也正是因為她被迫無奈，又羞又怕，杜甫每次看到她戰戰兢兢來摘棗的樣子，就很傷心。所以想要勸勸吳郎，不要修籬笆了。

仁

古人認為，每個人都應該具備五種品德：仁、義、禮、智、信，合稱「五常」，這是穩定不變的五種道德。

仁，可以說是中國傳統品德裏最可貴的。仁，就是愛別人。子女愛爸爸媽媽，爸爸媽媽愛子女，這都是仁。愛你的朋友，愛你身邊的人，這也是仁。愛陌生人，乃至全世界的人，這也是仁。比如，對於皇帝來說，不要發動不義的戰爭，用好的政策讓老百姓休養生息，這就是仁。對官員來說，不要對老百姓橫徵暴斂，造福一方，讓百姓安居樂業，這就是仁。對於普通人來說，儘量關愛自己的家人，同時關愛、幫助身邊的人，這也是仁。

心懷仁愛的人關心自家的老人，把這種愛心推及別人，就會關心別人家的老人；愛護自己的孩子，把這種愛心推及別人，就會愛護別人家的孩子。這就是一句古話「老吾老，以及人之老；幼吾幼，以及人之幼」。如果每個人都能用這種愛心對別人，世界就會變得很好。這就是仁。

義

　　義，指做的事符合正義或道德。比如，遇到有人掉進坑裏，幫忙把他拉上來，或者喊人幫忙，這就是義。如果扭頭就走，不管不顧，這就是不義。不太一樣的是，「仁」是愛人之心，「義」是應盡的責任。有人掉進坑裏，爬不上來，無論是不是關心他，愛護他，都應該拉他一把，或幫他喊人，這就叫「義」，也叫「義舉」。今天還有一個詞「義務」，就是從這個意思來的。

禮

　　禮是維持社會生活秩序的一種形式。比如，一個陌生人幫你了，你不一定給他多少報酬，但一定要說「謝謝」，這就是最簡單的禮。其實說一聲「謝謝」，只是一種形式。你不說也不是不行，但這樣就讓人不舒服，就會容易讓人以為你不願意遵守「互相幫助」的秩序。你說了，就表示你遵守這個秩序。比如，飯桌上讓年紀大的人先坐，年輕的後坐，這也是禮。你說大家隨便坐行不行呢？當然也不是不行。但是，有了這樣的一個形式，就表示大家都在遵守「尊重長者」的秩序。這些秩序靠各種儀式維持着，提醒人們不要忘記。冠禮、婚禮、相見禮、喪禮，這些儀式都是起這個作用，維持的是社會秩序。

不同的關係，有不同的規範。比如兄弟、朋友、路上的陌生人，對義的要求是不一樣的。兄弟之義，不僅要在危難時互助，平時的生活上也應該互相照顧。而路人之義，就不必照顧他的生活，對方遇到急難求助的時候，幫一把就行了。

中國古代重視家族，所以非常講究長幼有序。比如，大家一起出門，晚輩一定要讓長輩走在前面，弟弟妹妹要讓哥哥姐姐走在前面。長輩或哥哥姐姐走進房間，在屋裏的晚輩或弟弟妹妹如果是坐着的，就要站起來表示恭敬，這都是禮。

這些規矩，保障了家族和睦，但有時候也不免繁瑣僵化，束縛了孩子的個性。所以古人也注意到了這個問題，還有一句話叫「家無常禮」，意思是一家人沒有必要僵化地遵守這種禮節。

智和信

智就是智慧，一個人要勤奮學習，積累的知識和見聞越多，就能越有洞察力，有看透事情本質的智慧。信的本來意思，是「誠實不欺」。社會上的人，只有互相信任，才能順利合作，否則就會互相欺騙，誰都過不下去。「信用」這個詞本來的意思，是「以誠信使用人」，今天就指人和人之間的信任了。

不賒欠

尾生抱柱

古代有一個叫尾生的年輕小伙子,他和心愛的姑娘在一座橋下約會。但不知為甚麼,心上人遲遲沒來赴約。這時候河裏發了大水。尾生為了信守諾言,堅持不肯離去,最後竟然抱着橋柱淹死了。原為反對固守節義不懂變通,後指見守信用至死不渝。

見仁見智

《周易‧繫辭上》說「仁者見之謂之仁,知(同「智」字)者見之謂之知。」意思是說對一件事情,仁者和智者會根據自己的視角,產生不同的看法。後來就用「見仁見智」指對同一問題各有各的見解。

仗義疏財

重義氣,把財物分給別人,幫助別人脫困。

一諾千金

西漢初年有一個叫季布的人,他為人正直,樂於助人,非常講信用。只要是他答應過的事,無論有多麼困難,他一定想方設法辦到。所以當時流傳着一句話:「得黃金百斤,不如得季布一諾。」後來就演化出了「一諾千金」的成語。

節令

元日和屠蘇酒

　　元日，就是元旦，正月初一。據說晉朝的時候，一位世外高人住在一座茅屋裏，每年的除夕夜，他就把一包藥丟在水井裏。第二天鄉親們打水回家，摻着酒一喝，這一年裏就不會生病。這就形成了過年喝屠蘇酒的習俗。關於「屠蘇」說法很多，有人說那位高人住的茅屋叫「屠蘇」，也有人說屠蘇是一種葉子寬寬的藥草。不過，人們喝的屠蘇酒，一般是用薑片、花椒、桂枝等藥材配製的，起到防病的作用，裏面並不一定真的有屠蘇這種東西。喝屠蘇酒或者屠蘇水要從年紀最小的開始喝。因為年輕人每過一年，就長了一歲，是可喜可賀的，所以要先祝賀他。而上了年紀的人，每過一年，卻老了一歲，所以就不用祝賀啦，喝酒也排在最後。

門神

唐朝新年的時候，人們會在門上掛上桃符。桃符，是兩塊桃木做的板子，上面畫着兩位神話傳說中的神，叫做「神荼（shū）」和「鬱壘（lǜ）」。人們把他們的形象畫在木板上，掛在門口，所以也叫「門神」。今天過年仍然貼門神，只不過不用桃木，而是印在紙上了。古人認為，一到夜間，就有許多惡鬼在活動。如果讓它們闖進家來，可不得了。所以一定要用甚麼辦法把它們擋在外面，這就需要在門上貼兩個能鎮鬼的神仙或武將。漢代和漢代之前，人們就在門口貼兩個能捉鬼的神，就是「神荼」和「鬱壘」。

傳說唐太宗李世民的宮外鬧鬼，他的兩位大將秦叔寶、尉遲敬德就負責每晚在宮門守衛，惡鬼就不敢進來了。唐太宗請人畫下他倆的樣子，貼在門上，也能嚇走惡鬼。所以，有些門神畫的是這兩位。現在還有貼門神的風俗。過年時，去各家各戶大門上看一看，肯定會發現很多家都貼門神。如果是兩位將軍，一個看起來很兇，一個看起來比較穩重，那十有八九畫的就是秦叔寶、尉遲敬德。那個穩重的是秦叔寶，兇的是尉遲敬德。後來，大夥喜歡的歷史名人，只要是一對，都可以畫在門上面。比如關羽、張飛，也經常被畫成一對門神。甚至《西遊記》出名之後，孫悟空、豬八戒竟然也成了一對門神。

五辛盤

五辛盤是一種新年習俗。把大蒜、小蒜、韭菜、蕓薹（tái）、香菜五種蔬菜放在一個盤子裏吃。辛，就是辣的意思。這五種菜都有刺激性的辣味，所以叫「五辛」。古人認為新年到了，春天來了，吃這種氣味的菜，可以去除五臟裏的疾病，強身健體。而且「辛」和「新」同音，象徵着新年有一個新的開始。

甚麼是揮春呀？

喝完了屠蘇酒，我們來貼揮春吧！

那唐朝人都掛甚麼呀？

唐代的時候，還沒有揮春呢。

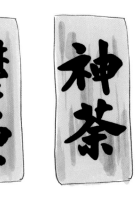

其實，「揮春」和「門神」，本來是一個東西。門神最早的時候是在桃木板上畫的神荼、鬱壘的像。但是，畫兩幅像也有人嫌麻煩，就乾脆在桃木板上寫上「神荼」和「鬱壘」兩個名字，掛在門口。

這是杜先生家的客人嗎？來來來，嚐一嚐我們的新年美食：五辛盤！

「葷」這個字，最開始其實不是指動物的肉，而是指有刺激性氣味的菜。五辛又叫
「五葷」，佛教戒律是禁止食用的，認為會影響僧人的修行。其實佛教僧人不吃肉
的歷史並不是很長。佛教來自古代的印度。當時他們只是按戒律不吃「五葷」，肉
還是吃的。真正讓佛教不吃肉的人，是南北朝時的梁武帝。梁武帝是一個信仰佛
教的皇帝，他認為吃肉就是殺害生命，殺生是殘忍的。佛教徒如果吃肉，就是殺
生。所以他寫了一篇《斷酒肉文》，提倡佛教徒吃素。有了皇帝帶頭，佛教僧人們
漸漸就不吃肉了。等於僧人們既要遵守不吃五葷的戒律，也要遵守不吃肉的戒律。
所以到後來，「葷」這個詞漸漸就和雞鴨魚肉等肉菜搞混了。梁武帝的影響只是在
中國漢族聚居地區。在內蒙古、西藏等地，因為當地的氣候、物產都和漢地不一
樣，那裏的佛教流派是不禁止吃肉的。

人日

「人日」指的是人類的生日，又叫「人勝節」，在每年的農曆正月初七。相傳上古大神女媧創造了世間萬物，從第一天到第六天，按順序造出了雞、狗、豬、羊、牛、馬六種動物，而在第七天造出了人，所以古人把正月初七作為人類的誕生日。在漢代的時候，就已經有「人日」節俗了。唐朝之後，老百姓特別重視。人日的節俗很多，大家不僅戴人勝，還會喝柏葉酒，認為可以健康長壽。

今天要過人日了。我寫了一首詩：「樽（zūn）前柏葉休隨酒，勝裏金花巧耐寒。」

第三天「豬」

第二天「狗」

第四天「羊」

第一天「雞」

第五天「牛」

第七天

第六天「馬」

「勝」指「人勝」，是用各種材料製成的人形裝飾物，比如用彩紙剪成的小人，可以貼在屏風上。「金花」指用金銀製成的花朵圖案，可以戴在人的頭上。這些也是「人日」的習俗之一，叫戴人勝。

詩詞典故

春風送暖入屠蘇

出自宋代王安石《元日》的名句，「爆竹聲中一歲除，春風送暖入屠蘇」。意思是說春節除舊迎新，一片爆竹聲送走了舊的一年，飲着醇美的屠蘇酒，感受到了春天的氣息。

人物

神荼和鬱壘

據說，大海裏有一座山，叫度朔之山。山上有一棵大桃樹，樹上有一根大樹枝，這樹枝就是鬼門。千千萬萬的鬼就從這鬼門出入。神荼和鬱壘就站在鬼門的門口，如果有鬼做壞事，他們就用草繩子把鬼綑起來去喂老虎。所以後人在門上畫出神荼、鬱壘的樣子，認為這樣也能鎮鬼。

立春

立春一般在西曆二月四日前後，是春季的開始，也是古人最重視的節日之一。早在周朝的時候，就有在立春日迎春的活動。這一天，天子會率領羣臣去郊外祭拜，祈禱今年豐收，還會親自下田耕地，表示春耕開始了。

春盤就是將韭黃、餅、果品、生菜等拼起來的餐盤。吃春盤，是立春這天的習俗。除此之外，百姓們在立春當日的活動還有很多，比如迎春、報春。人們在立春這一天或前一天的活動都可以稱為迎春。在立春的前一天，會有人負責報春，在街上大喊「春來了」！還有打春牛的習俗。春牛，不是真的牛，是用土做成的牛。立春前一天，人們把土牛推到街上，用鞭子打它，表示春耕開始了。打散之後，人們還會把春牛的土撿回家，認為這樣會給家人帶來吉祥。

社日

社，就是土地神的意思。社日，是祭祀土地神的節日，分為春社和秋社。春社就是在春分前後，人們祭拜社神，祈求來年土地豐收。秋社則是在秋天的時候祭祀社神，這時莊稼成熟，要收割了，所以人們要酬答灶神。在秦朝之前就有春社了。那個時候的春社除了祭祀土地神之外，還有一項重要活動：年輕男女會在這一天唱歌跳舞，交友戀愛。到了唐宋時期，春社更是成了國家富強太平的象徵。這一天，上至天子，下到百姓，都要進行各種祭祀活動。大家會在這一天舉行宴會，擊鼓吹笙，飲社酒，吃社肉，舉行各種娛樂活動。

春牛

春社的隊伍來了，有吹簫的，有敲鼓的，我們出去看看吧。

上巳

上巳節，古人以三月第一個巳日為上巳，到了魏晉以後，才將上巳節定為三月三日。上巳節和水密切相關，人們會在這一天去水邊沐浴，洗除災病。還會舉行水邊宴會，也就是「流觴（shāng）曲水」。人們將酒杯放在水渠或溪流裏，讓酒杯順流而下。酒杯漂到誰的面前，誰就要作一首詩。如果作不出來的話，就要喝酒。

早在周代，就有為了驅逐邪氣、防止疾病，結伴去水邊沐浴的風俗了。孔子也曾在陽春三月的時候，和弟子們去沂（yí）水邊沐浴。到了漢代才被官方定為節日，這時人們除了祭神沐浴，還會採摘蘭草。而到了唐代，祭神沐浴已經很少了，更多的是娛樂性質的活動，比如出遊踏青、水邊宴飲。而且人們不僅在長安水邊踏春遊玩，還會乘船在水中舉行宴會，在船上進行歌舞或百戲表演。

三月三日天氣新，長安水邊多麗人。

清明

清明節這一天，正是春回大地、萬物生長的時節。古人除了祭祖掃墓，還會郊遊踏青，植樹插柳。唐朝時，人們會在這一天盪鞦韆，蹴鞠、拔河等。蹴鞠，就是踢足球。

十年蹴鞠(cù jū)將雛遠，萬里鞦韆習俗同。

城狐社鼠

城牆洞中的狐狸，社壇裏的老鼠。城牆高大，易於容身。老百姓經常給社神上供，社壇裏有吃有喝。這些地方的狐狸和老鼠都生活得非常愜意，後來以此比喻有所憑依而為非作歹的人。

羣賢畢至，少長咸集

意思是眾多賢才，年齡大的和年齡小的朋友都聚集在這裏。出自《蘭亭集序》。這是東晉的王羲之在上巳節聚會時寫的一篇文章，記錄了當時的盛況和自己的感慨。後來這兩句就經常用於讚美盛大的集會。

端午

　　端午節在農曆五月初五，「端」是開始的意思，端午也是「端五」。人們會在這一天吃粽子，這是為了紀念戰國時期著名的詩人屈原。傳說屈原在五月初五跳汨（mì）羅江自殺，人們擔心河裏的魚蝦吃掉屈原的身體，就往河裏扔飯糰，後來就發展成吃粽子。端午之後，天氣炎熱，有許多毒蟲開始出沒，人們就有了喝雄黃酒的習俗，認為這樣可以祛毒。

　　端午的來源有很多種說法。除了紀念屈原，還有一種說法，認為是紀念春秋時期吳國的忠臣伍子胥（xū）。此外，古人認為五月初五這天是「惡月惡日」，非常不吉利，所以人們為了驅趕災惡，在這一天插菖蒲、艾葉，喝雄黃酒，後來也成了端午習俗。

　　在漢代，就有皇帝在端午賜給大臣腰帶的記載。後來唐代延續了這一習俗，皇帝賞賜衣服不僅表示對大臣的恩寵，也是因為端午時節，天氣炎熱，賜衣正好換裝，適應了節氣。此外，唐人還會佩戴一種叫「五色辰命縷」的絲帶，也是為了驅邪避災。

七夕節又叫乞巧節，在農曆的七月初七。相傳天帝的孫女織女，愛上了凡間的男子牛郎，他們在凡間私自成親。這惹惱了天帝，他把織女帶回天上，不讓兩人見面。只有每年的七月初七，才讓他們在喜鵲搭成的橋上相見。七夕起源於春秋戰國時期，不過那個時候，只是祭祀牽牛星和織女星。到了西漢的時候，皇宮裏才出現七夕節，宮女們在這一天展示自己的刺繡、針線手藝，體現女子的心靈手巧。後來流傳到了民間，才有了祈求愛情、期望家庭美滿的含義。

牽牛出河西，織女處其東。

七夕節這天有很多有趣的習俗，最主要的就是乞巧。由於織女特別會紡織，唐代女子會在七夕這天穿針引線，向織女祈求心靈手巧。她們在庭院裏擺好瓜果酒肉，一邊祭祀牽牛織女兩星，一邊對着月亮，用五色線穿九孔針。此外，七夕這天人們還會曬衣服、曬書。

中秋

　　杜甫曾作詩「此時瞻白兔，直欲數秋毫。」意思就是：八月十五中秋節到了，月亮格外地圓。傳說月亮裏有一隻玉兔和一隻蟾蜍，在八月十五這天看月亮，好像能數得清玉兔秋天長出的細毛一樣。

　　最早中秋節跟古人的祭月活動有關。在秦朝以前，就有秋分日「祭月節」，這是人們出於對月神的崇拜，祈求月神降福人間。後來發展成中秋節，仍然有祭月的習俗。此外還有賞月、頌月，在這之中包含着人們渴望團圓、收穫愛情等美好願望。雖然中秋賞月在漢代就出現了，不過那時還沒有形成正式的節日。到唐朝，中秋才成為官方確立的全國性節日。唐朝的中秋節非常熱鬧，人們一起賞月玩月。通常是幾個親朋好友聚在一起，一邊飲酒閒聊，一邊對月作詩。就連唐玄宗也經常和楊貴妃在中秋之夜，前往太液池賞月。據說中秋吃月餅這個習俗最早是在唐朝，宋朝的時候在宮廷內流行，到了明代就在民間普遍流行。人們用月餅祭月，祭祀完之後，就會全家分吃月餅。

此時瞻白兔，
直欲數秋毫。

重陽

重陽節，就是農曆的九月初九，有兩個九，九是陽數，所以稱為「重陽」，也稱「重九」。相傳東漢時，有個叫桓景的人，他的家鄉發生了瘟疫，死了很多人。而他受仙人費長房的指點，在九月九日這一天，帶着茱萸種子和菊花酒，領着家鄉父老和妻子登上一座高山，由此躲過瘟疫。所以，在重陽這一天，人們會登高望遠，佩戴茱萸，喝菊花酒，吃重陽糕。戰國時期就已經有重陽了。漢魏時期，大家紛紛採摘茱萸，飲酒賞菊。茱萸可以入藥，人們認為佩戴茱萸能祛邪辟惡。九月初九的「九」與「久」諧音，所以重陽節也有祈求長壽之意，而菊花正好象徵着長壽，因而人們賞菊、飲菊花酒。不過這時候還只是在民間流行。到了唐代，重陽才成為正式的節日。而且重陽節這天會放一天假，大家可以盡情地登高遊玩。

又是一年

是啊，有冬至、臘日、祭灶、除夕等等。

冬天來了，冬天的節日也不少呢。

冬至

冬至不是一個固定的日子，一般在公曆十二月二十一或者二十二日。冬至不僅是二十四節氣之一，還是中國重要傳統節日之一，有着非常悠久的歷史。周朝把農曆十一月當作新年正月，冬至日成了新一年的開始，皇帝會在冬至日祭祀昊天上帝。到了漢朝，漢武帝不用周曆而用夏曆，也就是現在的農曆，所以冬至就不再是新年正月。也是在漢代，冬至才正式成為一個節日，稱為「冬節」，人們會在這一天「賀冬」「拜冬」。就是慶賀冬至的各種活動。皇帝會在這一天祭祀祖先和上天，官員們會例行放假。這時他們會互相拜訪祝賀，等到上朝之時，還要向皇帝朝拜祝賀。魏晉的時候，還有臣子向皇帝進獻鞋襪的禮儀。人們也會和親友師長一起舉行宴會，向父母長輩拜節，表達祝福和尊敬。

天時人事日相催，冬至陽生春又來。時間過得真快，轉眼就到冬至了。

臘日

臘日就是臘八節，在農曆的十二月八日。相傳佛祖釋迦牟尼在得道之前，曾想過放棄修行。但遇到了一位女子贈予他一碗粥，他吃下後恢復了體力與志氣，在十二月八日修得大道。所以佛教就把這一天定為紀念日，舉行法會，並且煮粥供佛。之後就有臘八節喝粥的習俗了，這個粥也被稱為「臘八粥」。

還有一種說法，臘日來源於中國古代的臘祭。在秦代以前，古人會在臘月打獵並祭神，祈求來年豐收、家宅安寧。漢代以後，確定了從冬至過後的第三個戌日為「臘日」。到了六朝時期，才正式確定十二月八日為臘日。除了一直延續的臘祭，唐朝的時候，皇帝還會在臘日這天，賜給臣子防凍的藥膏、香藥。臘八節喝臘八粥的習俗，到宋代才開始有記載。

祭灶

因為古人對灶非常重視，認為灶神會把這家人一年裏的大事小事全都記下來。過年的時候，灶神要駕雲上天，向天帝彙報。人們怕灶神向天帝說自己的壞話，所以就給他吃「膠牙餳（xíng）」，希望把他的嘴黏住。「餳」，就是麥芽糖的意思。

對古人來說灶象徵着一個家庭，一家子都在同一個灶上吃飯。灶是做飯的地方，水井是打水的地方，二者必不可少，所以「井灶」就指故鄉、家園。

您的家人在做甚麼？

今天是臘月二十三，他們在祭灶，就是祭祀灶神。

95

阿戎是杜先生的一個
堂兄弟，名叫杜位。
今年我們就在他家一
起過年吧。

爨

灶又叫「爨（cuàn）」，古代的「爨」字，好像兩隻手
端着一口盛飯的物品，放在灶上，灶下面是火。因
為灶是一家的核心，所以兄弟們分家，就叫「分爨」
或「異爨」。古代軍隊也規定，十個士兵分一口灶。
這十個士兵共同用一口灶燒火吃飯，他們互相就叫
「火伴」。有一首詩叫《木蘭辭》，說古代有一位女英
雄花木蘭，女扮男裝，替父從軍。別人不知道她是
個女孩，等她打完仗回到家後，換上女孩的衣服，
詩裏說「出門看火伴，火伴皆驚忙」。意思是說和她
一起打仗的士兵們都十分吃驚。後來，「火」字加了
個「亻」，變成了「伙伴」，就不一定指戰友，而是指
一般的朋友了。

除夕，是臘月的最後一天，也是一年的最後一天，新年的前一天。「除」是去除、交替的意思，「夕」在這裏指晚上。「除夕」就是新舊交替的夜晚。

在秦代以前，人們就在新年前一天擊鼓，以驅除疫鬼，這算是除夕的最早來源。但最早提到「除夕」兩個字的，是在晉朝，這時候就已經有除夕夜守歲的習俗了。到了唐代更是流行，一家人會聚集在一起宴飲，吃完後圍着火爐，點燃蠟燭，直到天明，一夜不睡，這叫「守歲」，還會把花椒放在盤子裏，叫「椒盤」，大家取花椒泡酒喝，希望身體健康。

除夕

守歲阿戎家，椒盤已頌花。除夕到了，一起來守歲吧！

數九寒天

數九是從冬至算起，每九天算作「一九」，可以從「一九」數到「九九」。三九、四九處於小寒，是最寒冷的時候。五九以後，天氣才暖和起來。數九寒天，指天氣非常寒冷的時候。

臘盡春回

臘，指臘月，農曆十二月。臘月過去了，春天就到了。

與其媚於奧，寧媚於灶

出自《論語》。「奧」是正房的西南角，是家中主神所在的位置。「灶」是灶神，雖然只管灶台，但權力很大。「媚」是討好的意思。這句話是當時的俗語，意思是說，與其向家中主神獻祭、討好祂，不如去討好灶神（省得祂記錄家人的過錯，降災降禍）。後來比喻與其敬奉空有身份、地位的人，不如敬奉地位低卻有實權的人。

我們要走啦！